Have a great day!

Have a great day!

Have a great day!

Have a great day!

Have a great day!

Have a great day!

Have a great day!

Have a great day!

Have a great day!

Have a great day!

Love
Love

Have a great day!

Have a great day!

Have a great day!

Have a great day!

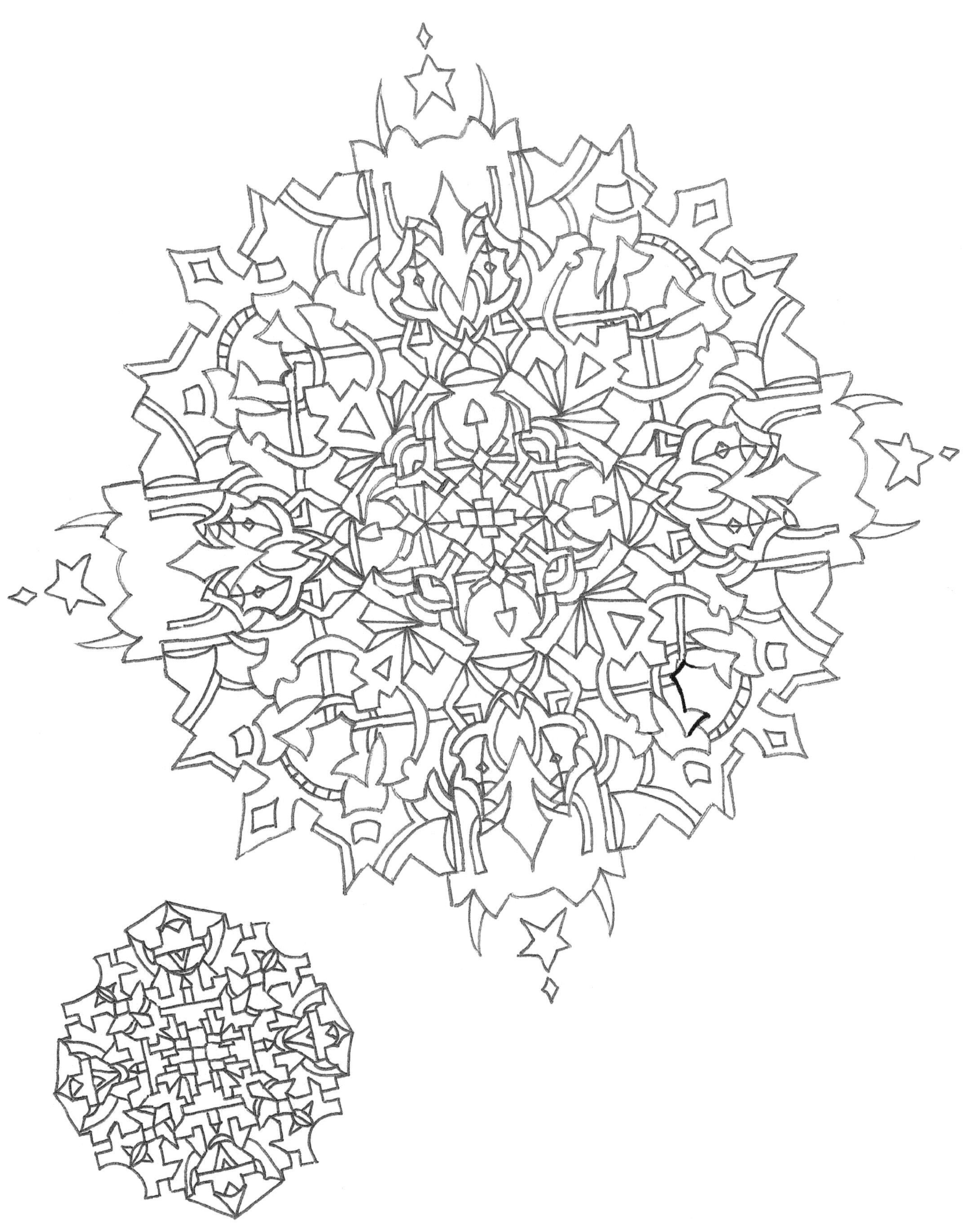

Have a great day!

Have a great day!

Have a great day!

Have a great day!

Have a great day!

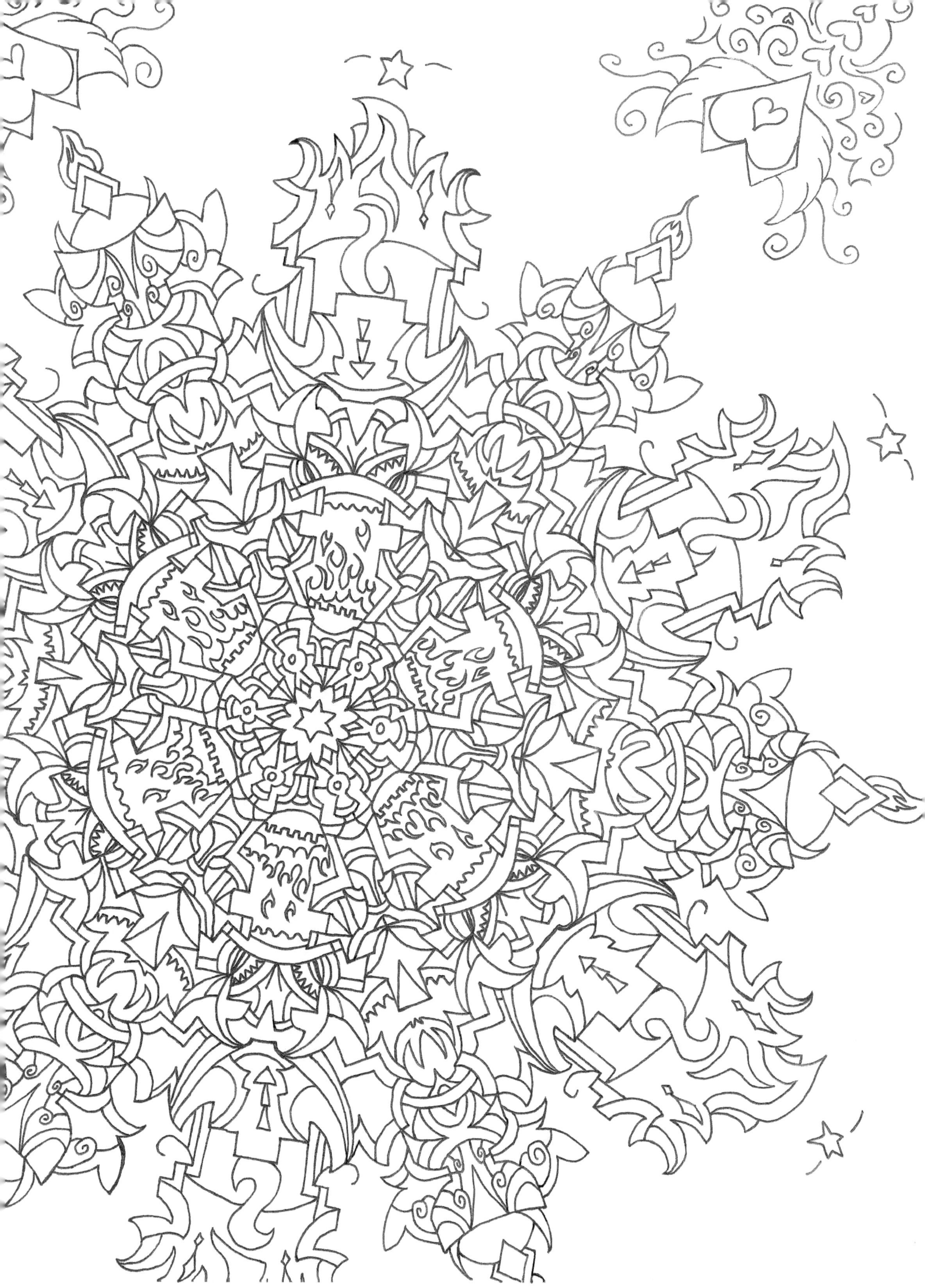

Have a great day!

Have a great day!

RAWR!
RAWR!

Have a great day!

Have a great day!

Have a great day!

www.ingramcontent.com/pod-product-compliance
Lightning Source LLC
Chambersburg PA
CBHW052018280526
45793CB00005B/1030
9781535584050